my Dog's cool

Le petit manuel de l'éducation

Jocelyne Gyger

Le petit manuel de l'éducation

Jocelyne Gyger

À Kiwie...

Préambule

Le monde canin est une véritable passion et de cette passion est née ma nouvelle activité professionnelle d'éducateur comportementaliste conseiller canin, après avoir travaillé une vingtaine d'années dans la formation adulte !

Je me suis formée grâce à mon Beagle, Kiwie. Je l'ai adoptée elle n'avait alors que 3 mois. La première année de notre relation n'était franchement pas terrible malgré les cours d'éducation auxquels nous participions.

J'ai refusé d'accepter la remarque qui m'a été envoyée en pleine figure lors d'un cours : «avec un Beagle tu n'arriveras jamais à rien» ! Non ce n'est pas Kiwie qui n'allait pas, c'était moi !

Je me suis lancée dans une formation de comportementaliste conseiller canin et le changement sur la relation avec mon chien n'a pas tardé à se voir. J'ai tout de suite enchaîné avec la formation d'éducateur afin de pouvoir dispenser les cours aux détenteurs qui essuient la même remarque avec un… vous n'arriverez à rien».

C'est comme ça que tout a commencé…

En 2009 my Dog's cool a vu le jour et j'y dispense mes cours. Je m'applique à expliquer aux référents (détenteurs du chien) pourquoi il faut procéder ainsi et pourquoi parfois il y a des difficultés dans la progression. Que parfois un tout petit rien peut déstabiliser leur chien. Mais surtout que tous les chiens, quelle que soit leur race, sont capables d'apprendre et aiment apprendre.

Un jour, lors d'un cours justement, un participant m'a dit :

« Quand on est avec vous, ça marche super bien mais dès qu'on essaie à la maison, c'est plus la même chose. Vous nous transmettez beaucoup d'informations utiles mais nous ne retenons pas tout. Ne pourriez-vous pas nous les mettre par écrit, une feuille chaque fois que nous apprenons quelque chose de nouveau ?»

C'est comme ça que je me suis lancée dans la rédaction de cette brochure.

Je suis beaucoup plus à l'aise sur le terrain que derrière une page à rédiger un texte ! Cette brochure est donc écrite un peu comme si vous étiez sur le terrain à mes côtés.

Vous trouverez donc deci-delà, des expressions de mon terroir. Elles vous donneront l'impression que nous sommes ensemble sur le terrain de my Dog's cool, dans le canton de Neuchâtel, en Suisse.

Chien «mode d'emploi»

Le chien apprend à vivre en groupe dès le premier jour de sa vie. Sa mère lui a enseigné que dans un groupe social il existe des règles afin que chacun puisse s'épanouir, il est donc indispensable que toutes les situations soient clarifiées en fonction de règles de vie communautaires bien établies et intangibles.

Vous êtes le leader du groupe et le leader est clair dans sa tête, dans ses actes, dans sa communication. Il ne doute jamais de lui et reste toujours calme et souverain.

S'il n'y a pas de règles ou si elles sont variables ou floues, le chien tentera d'en instaurer à sa manière de chien pour clarifier la vie communautaire, par des menaces, éventuellement des agressions. Nous savons tous que les règles de vie des chiens sont inacceptables dans les sociétés humaines car elles sont dangereuses et ne peuvent garantir la survie de notre espèce. Ceci explique pourquoi le chien doit se trouver dans une situation de dépendance par rapport à son référent et non pas l'inverse.

Si les règles sont changées selon les humeurs du référent, le chien le percevra comme un être instable et deviendra lui-même instable.

Donc dès son arrivée dans la famille, le chien doit pouvoir y trouver sa place et reconnaître immédiatement l'autorité de son référent. Ceci n'exclut absolument pas l'affection que le référent doit apporter à son chien, ce n'est pas incompatible avec l'autorité. C'est aimer son chien que d'être exigeant quant à la place qu'il doit avoir, c'est le maltraiter que de ne pas lui faire comprendre qu'il ne peut assumer les responsabilités d'homme dans le monde des hommes. On peut tout à fait aimer son chien tout en exigeant de lui qu'il reste à sa place.

En réalité le chien n'obéit pas à l'homme, obéir est un concept humain, le chien collabore avec son référent s'il y trouve un intérêt. Le positionner clairement à l'intérieur du groupe de vie est une marque de respect dont il lui sait gré, il respecte les interdits et a plaisir à vivre ce qu'il considère comme des privilèges. Donner à manger à un chien est un privilège pour lui, s'il n'a pas de référent il lui faudra trouver sa nourriture par lui-même, il nous sait gré et nous respecte pour la facilité que nous lui offrons, et accepte les contraintes de la vie des hommes en contrepartie de cette marque d'attention.

Le leader gère l'espace, c'est donc vous qui franchirez une porte en premier.

Si votre chien/chiot dort au milieu d'un passage, ne l'enjambez pas, demandez-lui de se déplacer afin d'éviter de le surprendre. Un chien surpris peut pincer ou mordre. Retenez toujours ceci, ce que l'homme fait avec les mains, le chien le fait avec sa gueule.

Son panier/coussin sera placé dans un endroit hors

des passages et des courants d'air afin que le chien ait un espace tranquille et bien à lui pour dormir, mais tout de même proche des activités de la famille pour qu'il ne se sente pas exclu de la « meute ». Le lieu de repos est fixe. Quand le chien est dans son panier, respectez sa tranquillité.

Les repas doivent être dissociés de ceux de la famille. Le plus simple est donc de le nourrir après le repas familial ou de façon séparée dans le temps (plus d'une heure avant par exemple). La gamelle doit être dans un endroit sans importance (pas au milieu de la cuisine ou dans un passage). Le chien mange son repas en 10 minutes au maximum.

Passé ce délai, ou si le chien quitte sa gamelle avant d'avoir fini son repas, il faut la lui retirer jusqu'au prochain repas. Déposez sa gamelle et sortez de la pièce afin qu'il soit seul et tranquille.

Parmi les règles que vous aurez établies, il y aura également l'éducation. C'est un facteur très important pour que le chien vive en harmonie dans le monde des hommes.

Le chien qui ne reçoit pas une éducation et qui a le droit de tout faire dans sa famille d'adoption a tendance à développer des troubles du comportement.

Essayez de vous projeter maintenant deux ans après l'acquisition de votre chien. Sachez que 70 % de son caractère sera issu de ce que vous aurez fait avec lui et 30 % sera issu de ce qu'il était au moment de l'adoption et des traits héréditaires. Ça vaut donc le coup de s'y mettre non ?

L'école du chiot (socialisation du chiot) est indispensable pour assurer un bon départ au couple humain-chien et approfondir et consolider la socialisation primaire enseignée par sa mère. Elle favorise la rencontre avec les congénères et permet aux chiots d'exercer attitudes et postures sociales et de parfaire la socialisation. Le chiot est mis en relation avec d'autres races, d'autres personnes. Il considère sa « famille » comme une équipe dans laquelle il est intégré et va devoir évoluer. Au milieu de congénères, le référent apprendra à reconnaître les signaux que son chien émet.

L'école du chiot ne doit pas uniquement s'employer à éveiller le chiot par des jeux avec ses congénères et des hommes, elle doit en même temps l'éduquer avec des méthodes appropriées aux chiots.

Vers le 4ème mois le chiot pourra intégrer un cours d'éducation. Il faut savoir que le chiot conserve son statut jusqu'à son 6ème mois où là il aura le statut d'adolescent. Certains chiots sont prêts mentalement et physiquement pour intégrer un cours d'éducation à 4 mois, mais d'autres auront besoin d'un peu plus de temps pour se sentir à l'aise dans un groupe et rejoindront les «plus grands» un peu plus tard !

Dans ces cours il poursuivra son apprentissage des ordres de base et son référent poursuivra son apprentissage à reconnaître les signes émis par son chien (stress, irritation, peur, …) et la façon de communiquer avec lui. Ainsi la qualité de la relation homme-chien est enrichie.

Avoir une activité ludique ou sportive avec son chien est un très bon complément à l'éducation et au renforcement de la complicité homme-chien.

Le cani-cross, le cani-bike, l'agility, le dog-dancing, l'obéissance sous forme de tours divers, la recherche etc…. sont quelques exemples d'activités. Il faut toutefois être attentif à la motivation du chien pour l'activité choisie. En effet il arrive parfois qu'un Border Collie soit adopté pour pratiquer de l'agility et que ce dernier ne soit pas passionné par cette activité. Ça existe !

Si l'activité choisie ne lui convient pas, il vaut mieux en changer plutôt que de contraindre son chien, ce qui ne ferait que développer une phobie.

Les motivations de l'apprentissage chez le chien sont Recevoir et Éviter.

Un chien qui travaille pour recevoir va toujours reproduire plus :

Je demande à mon chien de s'asseoir, il s'assied, il reçoit la friandise.

Un chien qui travaille par évitement va toujours reproduire un minimum :

Je mets de la tension dans la laisse afin que mon chien s'asseye et je relâche la tension quand il est assis.

C'est donc dans l'intérêt de tous deux de progresser en renforcement positif.

Le chien apprend tout par association. Il est donc très important de récompenser au bon moment afin de ne pas renforcer un autre comportement que celui que vous travaillez. Au début de l'apprentissage, la récompense sera systématique pour être ensuite donnée de manière aléatoire jusqu'à la suppression.

N'écoutez pas les personnes qui disent que le chien n'obéit que s'il y a une friandise à la clef et que si vous optez pour cette méthode vous serez contraint d'en avoir toujours dans votre poche. Ce n'est pas le cas si l'apprentissage s'effectue en bonne et due forme. Au moment venu vous saurez remplacer la friandise par un «C'est bien», «Bon chien», une caresse ou une séquence de jeu !!!

Pour bien éduquer son chien, il y a toutefois quelques points à respecter :

Ne soyez pas pressé

Trop pressé niveau timing et résultats ne font pas bon ménage avec l'apprentissage.

Soyez généreux

Sachez récompenser les bons comportements, par une friandise, une séquence de jeu, une caresse, un Ouiiiiiiiiiiii c'est ça etc....

Mettez-vous au niveau du chien

Si la difficulté est trop élevée, vous poussez votre chien à l'échec, vous serez déçu, il le ressentira, vous êtes tous deux perdants. Optez pour le gagnant-gagnant.

Ne comparez pas

Le caractère de votre chien lui est propre, ne le comparez pas avec celui de la voisine ou votre précédent compagnon.

Remettez-vous en question

Êtes-vous sûr de vous y prendre correctement ? Avez-vous la bonne posture, utilisez-vous le bon ton etc.

Le jeu est également indispensable à l'équilibre du chien. Il permet de renforcer l'éducation, la communication et le leadership.

En intégrant les séquences d'éducation lors de vos balades, vous ferez d'une pierre deux coups. Procédez toujours par petites séquences afin de garder la motivation de votre chien, pensez également à utiliser les éléments naturels pour le faire travailler, par exemple dans une allée de peupliers, une marche au pied d'un arbre à l'autre, lui demander un «assis» aux passages piétons etc.

Lorsque vous partez en balade, vous devez être content d'y aller. Inutile d'entreprendre votre tour habituel vite fait, votre chien tentera alors par tous les moyens de communication dont il dispose de vous remettre à l'ordre. Il est préférable de diminuer la distance et de faire la balade d'une manière détendue...plutôt que de stresser votre chien afin qu'il ait les kilomètres dans ses pattes.

Un jeune chien a tout à apprendre. Malheureusement pour eux, nous vivons dans un monde où nous voulons tout, tout de suite !

Combien de fois n'ai-je pas entendu dans les cours:

- *Mon chien n'est pas encore propre !*
  Ah oui et vous pensez qu'à 3 mois ce n'est pas mal ?
- *Mon chien tire sans arrêt sur sa laisse !*
  Mais oui, il découvre le monde des odeurs.
- *Mon chien ne sait pas rester à sa place !*
- *Mon chien… pas encore parfait.*

Les pauvres, nous ne leur laissons plus le temps de grandir, d'apprendre à leur rythme. C'est pourtant à vous qu'incombe cette tâche et il aura réellement du plaisir à développer ses compétences à vos côtés.

Le chien adopte une attitude semblable à celle de son référent pour s'intégrer dans le groupe parce que :

Le chien est le miroir de l'homme,
il agit par mimétisme.

Soyez aussi convaincu que si :

le référent est heureux, le chien est heureux,
le référent est nerveux, le chien est nerveux,
le référent est instable, le chien est instable.

Le chiot
des débuts pas toujours évidents

Dans la classe chiots, comme je l'ai dit, nous ne nous contentons pas uniquement de laisser ceux-ci jouer entre-eux. C'est également lors de ces cours que les « désagréments » des débuts sont mis en avant.

Lorsqu'un nouveau propriétaire s'inquiète sur le développement de son chiot, sur ses capacités, sur son obéissance (si on peut parler d'obéissance quand on parle d'un chiot....) les moniteurs de la classe chiot sont là pour vous aider, vous guider et surtout pour avoir un suivi d'une semaine à l'autre. Les moniteurs sont également aptes à déceler un chiot qui aurait eu une mauvaise socialisation primaire (élevage peu scrupuleux, mère absente ou incompétente etc...) et lorsque la difficulté est diagnostiquée assez vite, il sera alors plus facile de travailler sur le problème rencontré.

Il faut déjà bien se rendre compte que lorsque vous adoptez un chiot, la rupture d'avec sa mère induit un état de détresse (choc psychologique) important ; il faut en tenir compte, être patient et compréhensif.

Voici les questions et observations les plus fréquemment posées :
- • Comment apprendre au chiot à rester seul ?
- • Comment faire pour qu'il dorme la nuit ?
- • Comment nourrir mon chiot ?
Etc.

Comment apprendre au chiot à rester seul ?

Lorsque le chiot est retiré de sa mère, il subit ce qu'on appelle un détachement primaire. Puis il va s'attacher à la personne qui s'occupera le plus de lui. C'est l'attachement secondaire. Vous devrez rapidement vous comporter en leader et procéder au détachement secondaire, c'est-à-dire l'habituer petit à petit à rester seul à la maison.

Allez-y pas à pas ! Si dès le début vous apprenez à votre chiot à rester seul à la maison, en une semaine la consigne est acquise !

Le premier jour d'apprentissage, vous quitterez votre maison pendant 5 minutes puis vous revenez. Faîtes comme si vous n'aviez pas de chiot (je sais c'est difficile, il est mignon, il court vers moi la queue frétillante pour me signifier qu'il est HYPER content de me revoir etc...) Ignorez-le et quand il est calme appelez-le pour lui faire des câlins. Vous répétez ces sorties plusieurs fois dans la première journée. Il n'y prête plus attention ? Super, augmentez le temps, 10 minutes puis 15 etc...

Comment faire pour qu'il dorme la nuit ?

La première nuit risque d'être chaotique ! Il y a de fortes chances qu'il pleure. Imaginez-vous, vous êtes parachuté dans un environnement que vous ne connaissez pas et en plus vous êtes tout seul dans la nuit, il y a de quoi flipper. Mais pour le bien de toute la famille, il va falloir être fort et ne pas aller le consoler.

Tout simplement, vous

Option 1 :

Déposez dans son panier un objet (linge, doudou ou autre) que vous avez pris de l'élevage. L'odeur rassurante de sa fratrie l'aidera à se détendre. Vous pouvez également placer une bouillotte qui lui rappellera la chaleur de sa mère et/ou un réveil dont le tic-tac lui rappellera les battements de cœur de sa mère.

Ou alors option 2 :

Le panier sera provisoirement placé à côté de votre lit. Lorsque le chiot couine, laisser « tomber » votre bras du lit afin qu'il sente votre odeur. Ne lui parlez pas, ne le caressez pas, signalez juste votre présence avec votre bras. Progressivement vous éloignez le panier jusqu'à son point défini.

Ça ne marche pas...

Est-ce que déjà pour vous c'est OK ? parce que le chien ressent tout. Si vous vous couchez avec l'angoisse de la nuit qui va arriver, comment voulez-vous que votre chiot soit rassuré ?

Dès que j'éloigne le panier, il pleure...

Les étapes ont peut-être été brûlées ou vous avez cédé et un peu trop cajolé les premières nuits ! Reprenez le processus au point de départ et ma foi, est-ce vraiment un réel problème si vous mettez trois semaines au lieu d'une pour qu'il dorme dans un autre endroit que votre chambre ?

Il est dans une autre pièce et dès que je sors il se réveille...

Mettez en bruit de fond de la musique. Alors peut-être pas du hard rock mais sachez qu'une étude a démontré que les animaux se détendent aux sons de la musique classique. Attention ne mettez pas de la musique uniquement quand vous êtes prêts à sortir, le chiot pourrait associer Musique = Solitude !

La propreté...

Un chiot, c'est un bébé et je n'ai jamais vu de bébé être propre avant de savoir marcher.

Les premières semaines, les sorties se feront toutes les 2 heures. En général, le contrôle du sphincter est en place vers 3-4 mois. Passé ses 6 mois si le chien n'est pas propre, soit l'apprentissage n'a pas été effectué correctement, soit il peut y avoir une petite pathologie que seul le vétérinaire sera à même de vous diagnostiquer. Le chiot se soulage au réveil, après chaque repas, pendant le jeu, lors de moments d'excitation in - tense. Beaucoup s'imaginent que le chiot se soulage la nuit parce que quand vous vous levez il y a une gouille* dans votre salon. Est-ce vraiment au milieu de la nuit qu'il s'est soulagé ? n'aurait-il pas pu être réveillé tôt le matin par votre voisin qui se lève plus vite que vous ?

*flaque

Lorsqu'on se lève le matin, on va faire l'impasse sur la séance beauté et aller directement dehors avec le chiot. Dès qu'il s'est soulagé, OUIIIIIIIIII bravo mon loulou ça c'est un beau pipi et hop récompense.

Quand le chiot se soulage à l'intérieur, évitez de nettoyer devant lui, proposez-lui une activité dans une autre pièce ou allez à l'extérieur et demandez à votre conjoint(e) de nettoyer pendant ce temps ! Et si vous êtes seul(e) mettez-le dans une autre pièce pendant le nettoyage. Si par chance vous arrivez à le prendre sur le fait, dites NON sec, prenez-le et allez dehors avec lui. Lorsqu'il se soulage, OUIIIIIIIIII super, bravo et récompensez.

Ça ne sert absolument à rien de gronder un chiot lorsqu'il se soulage à l'intérieur si vous ne l'avez pas pris en flagrant délit. Le chien apprend tout par association. Votre chiot se soulage dans votre salon puis va jouer avec sa balle. Vous entrez dans le salon, vous voyez la gouille et vous lui hurlez dessus, qu'est ce qui se passera dans la tête du chiot ? Je n'ose pas jouer avec la balle puisque je me fais gronder. C'est un peu comme si vous preniez une photo du bel oiseau qui passe, si vous attendez pour presser sur le bouton, l'oiseau se sera fait la malle et sur votre photo il n'y aura que le ciel !

Ça ne marche pas...

Mon chiot attend d'être à l'intérieur pour se soulager.

Je rencontre souvent ce problème notamment avec des chiots qui ont eu l'habitude de se soulager sur du papier journal ou une alèse ou pire.... dans une caisse à chat. Réfléchissez, qu'avez-vous appris à votre chiot avec ces stratégies ? vous lui avez appris à faire..... dedans.

Il ne vous reste donc plus qu'à jeter ce matériel et à reprendre l'apprentissage à savoir le sortir souvent, notamment après les moments cités ci-dessus et de bien le récompenser lorsqu'il fait dehors.

Un peu d'intimité bon sang ! Certains individus se sentent stressés s'ils n'ont pas un minimum d'espace pour se soulager. Imaginez un peu la pression qu'on peut parfois leur mettre pour qu'ils fassent ENFIN un pipi... Très souvent le fait que le chien soit en longe plutôt qu'en laisse suffit à ce qu'il se sente plus à l'aise, pensez-y.

Comment nourrir mon chiot ?

Vous avez plusieurs sortes de repas destinés aux chiens : les croquettes, les pâtées, les rations ménagères et le BARF.

Ce n'est pas dans mes compétences de vous dire de nourrir votre chien avec ça plutôt qu'avec ça. Chacun a son libre arbitre à ce sujet. Par contre, quel que soit votre choix, respectez la recommandation 3 – 2 - 1.

Parfois lors des cours, des propriétaires me disent que l'éleveur a déjà passé le chiot à deux repas par jour pour... faciliter le travail des futurs détenteurs ! Alors, lorsque l'on adopte un chiot, si on pense à la facilité en premier, on est mal.

Votre chiot étant en plein développement et pour que sa croissance soit harmonieuse, c'est très important de respecter un nombre de repas adapté.

De 2 mois à 6 mois, il aura droit à 3 repas par jour, matin, midi et soir. De 6 mois à 1 année, il passera à 2 repas par jour, matin et soir et dès 1 année, vous pouvez lui donner 1 seul repas par jour, le soir. Vous pouvez selon la taille ou les besoins du chien rester à 2 repas par jour une fois adulte.

Soyez prudents, après le repas, mis à part la mini sortie pour se soulager, laissez votre chiot digérer. Vous ferez d'ailleurs la même chose une fois que votre chiot sera devenu adulte, vous n'allez pas entreprendre un cani-cross après le repas.

Je conseille toujours de ne pas être figé sur l'heure, un écart de plus ou moins 30 minutes, voire plus selon les chiens, est tout à fait accepté. Si vous êtes trop ponctuels, vous prenez le risque que votre chiot, plus tard chien, ne vienne vous réclamer sa gamelle alors que vous êtes occupé à une autre tâche importante.

Veillez à ce que le chien ait toujours de l'eau fraîche à disposition. En été ou dans un appartement surchauffé, pensez à changer l'eau de sa gamelle plusieurs fois par jour.

Les gamelles, même si le chien les ripoline* à chaque repas... doivent être minutieusement nettoyées après chaque usage. La salive du chien contient énormément de bactéries et celles-ci se déposent dans la gamelle. Pensez-y et soyez minutieux.

*nettoie

Mon chiot me mord et ça fait mal ...

On passe tous par le stade difficile du mordille-
ment. Le chiot possède des petites dents de lait bien
aiguisées qui ma foi font très mal. Il faut canaliser ce
comportement !

Tout ce que l'homme fait avec ses mains, le chien
le fait avec sa gueule. Par conséquent, le chiot, dans
le jeu et l'excitation, va le faire comme il le faisait avec
sa fratrie et y aller dans des mordillements excessifs.

Le chiot doit apprendre ce qu'on appelle la mor-
sure inhibée, c'est-à-dire apprendre à contrôler la
puissance de sa mâchoire. La mère apprend déjà ça à
son chiot, si celui-ci « mord » trop fort, elle couine à
son tour très fort. Le chiot alors stoppe direct

Donc, pour y parvenir, lorsque le chiot mordille
votre main, bras ou autre, dites AÏE très fort et sec et
stoppez toute activité avec lui pendant 2-3 minutes.
Si vous gesticulez, si vous criez, si vous le repous-
sez etc... le chiot pensera que vous jouez avec lui et il
« attaquera » encore plus.

Si le AÏE ne l'arrête pas, quittez simplement la pièce
dans laquelle vous vous trouvez, laissez-le tout seul
pendant quelques minutes. Il y a fort à parier qu'il se
calmera ou alors qu'il aura pris pour cible un de ses

jouets. On ne va pas se faire d'illusions lorsque vous reviendrez vers lui, il va remettre ça, c'est normal, c'est un chiot. Toujours aussi calmement, vous ressortez de la pièce. Quand vous l'aurez fait quelques fois, il aura compris.

Ça ne marche pas

Souvent ça ne marche pas parce que l'humain a de la difficulté à saisir la nuance jeu - pas jeu et c'est bien pour cela que pour un chiot, même si c'est dans du jeu, même si vous n'avez pas mal, faites-lui croire que vous avez mal en disant AÏE.

Quand le propriétaire me dit qu'il n'y arrive pas et que je creuse un peu sur ce qui se passe à la maison, il en ressort fréquemment que « Ah oui, les enfants jouent à la bagarre avec lui, c'est pour rire ». Vous ne pouvez pas dire AÏE une fois et viens m'attraper une autre fois, c'est incompréhensible pour le chiot. Par conséquent, soyez également stricts avec les enfants et proposez-leur des jeux plus calmes, tout le monde sera gagnant.

Parfois le propriétaire tente « d'expliquer » à son chiot que ce n'est pas bien de mordiller, en lui disant NON pas ça, arrête tout de suite. En plus il se tient penché sur lui, le doigt pointé en direction du petit criminel ! Le chiot ne peut que se marrer en voyant ce doigt gesticuler et il pensera que vous jouez avec lui ! Donc il continuera.

Mon chiot refuse d'avancer...

Votre chiot a tout à découvrir avec vous. Certes, l'éleveur l'aura déjà préparé à certains stimuli mais il ne peut pas tout prévoir.

Soumettez votre chiot de manière progressive et contrôlée aux bruits et stimuli divers. Toute expérience doit être vécue comme un jeu, le monde qui entoure le chiot DOIT être un jeu.

Si vous habitez en campagne et que proche de chez vous il y a des vaches, imaginez ce que le chiot ressent en voyant ce gros animal ! Il y a des travaux dans votre rue et le chiot appréhende de passer au travers des drôles d'engins en métal qui font énormément de bruit...

Pour chaque découverte, il faut progresser calmement, en fonction de l'état émotionnel du chiot. En aucun cas vous n'allez le porter, d'ailleurs dans aucun cas on ne porte un chiot(chien) ou on tire sur sa laisse pour qu'il avance, c'est totalement incompréhensible pour eux.

Laissez-le observer, motivez-le avec la voix pour qu'il avance ne serait-ce que d'un pas, OUIIIIIIII c'est bien ça on continue ? et il avance encore d'un pas etc.... Encouragez votre chiot dans chaque démarche positive qu'il effectue.

Quand je parle de motiver le chiot avec la voix, j'ai constaté que l'humain manquait franchement de fantaisie. La motivation se restreint la plupart du temps par un Kiwiiiiie, Kiwiiiiie, Kiwiiiiiiie. Je vous assure, vu le nombre de fois que vous mentionnez le nom de votre chiot, s'il ne connaît pas son nom, y a un gros problème. Et à force de l'entendre sur une journée, il ne l'entend plus ! Variez, soyez créatif, pensez aux bruitages que vous pouvez sortir de votre corps, surprenez votre chiot !

J'ai pour habitude sur le terrain de guider le chiot à l'aide de ma main qui tient une récompense. Ainsi il associe ma main à un « guide ». Lorsque celui-ci franchit un obstacle une seule fois avec l'aide de « la main guide », le deuxième passage se fait tout seul. Pourquoi ? Parce que la première fois c'était agréable et tout ce qui est agréable est reproduit, n'oubliez jamais ça.

Si vous deviez rencontrer un obstacle vraiment insurmontable pour votre chiot, vous travailleriez sur ce qu'on appelle la zone de sécurité. Qu'est-ce que cette zone ?

Le point de « danger » pour le chiot se situe au centre d'une cible. Pour que le chiot apprivoise ce point, vous passerez dans un premier temps à l'extérieur de la cible. Tant que votre chiot est détendu, c'est que vous êtes dans la zone verte. Ensuite vous allez tenter de passer un peu plus près de ce point de « danger ». Soit l'approche en étant dans le vert s'est bien passée et il reste dans le vert en étant un peu plus proche, soit vous avez progressé trop vite et vous êtes dans l'orange, le chiot avance mais pas rassuré du tout. C'est en observant votre chiot que vous arriverez à situer dans quelle couleur vous êtes.

Zone de sécurité

Tant que vous êtes dans la zone verte, tout va bien pour votre chien.

La balade et les jeux du chiot ?

La promenade « parfaite » est celle qui s'adapte à votre chiot, comptez 5 minutes par mois d'âge.

Allez à son rythme, c'est la promenade DU chien.

Laissez de côté votre natel*, échangez avec lui : « oh tiens regarde… » Laissez le sentir les odeurs, cela fait partie de ses besoins éthologiques. Et le travail olfactif « fatigue » le chien !

J'entends souvent dire que 5 minutes par mois d'âge c'est insuffisant pour fatiguer le chiot ou je vois des enfants courir avec le chiot au bout de la laisse, ou pire encore, un chiot qui doit sauter ! Je le répète mais c'est tellement important, votre chiot est en pleine croissance. Son squelette n'est pas tout à fait formé et consolidé. Trop de sollicitations provoquera des petites lésions qui plus tard pourraient provoquer de l'arthrose ou autres pathologies. Vous voulez fatiguer votre chiot ? Privilégiez une activité qui le fera réfléchir, non seulement la réflexion demande du calme mais en plus vous vous assurez une fatigue saine.

C'est très important de jouer avec le chiot par petites séquences de 5-10 minutes et répétées le long de la promenade. Optez pour des jeux de complicité.

Évitez de lancer une balle, d'une part parce que vous provoquez une course et d'autre part ce type d'activité conduira au comportement de poursuite. Eh oui, un simple jeu effectué avec le chiot conduit à des dérapages une fois adulte. Vous apprenez à votre chiot que quand quelque chose passe vite, il faut lui courir après….

*téléphone mobile

Avec une balle, vous pouvez la rouler doucement et pas trop loin. Le chiot ira la chercher et du coup vous en profiterez pour lui apprendre le « Apporte »

Les chiots ont des dents de lait donc tirer sur une corde qu'il a en gueule peut provoquer la chute des dents prématurément ainsi que l'apprentissage à ne pas lâcher.

Les sauts sont bien évidemment à proscrire puisqu'à chaque réception de saut des microlésions peuvent se former sur les articulations.

Je remarque également que de plus en plus le pro-priétaire du jeune chien dit qu'il est hyper actif ! ça c'est à la mode, mon chien est hyper actif. Force est de constater qu'il n'est pas hyper actif mais actif ce qui pour moi est fondamentalement différent et s'il est actif peut-être que dès son jeune âge il a été sou-mis à de l'excitation ! ça vous parle ça ? parce que quand je tiens ces propos, en général le propriétaire me répond « Ah oui peut-être que j'ai trop forcé sur... peut-être que... »

11

Le repos, important ?

Un chiot c'est un bébé et on est bien d'accord lorsqu'on a un bébé celui-ci passe la plus grande partie de sa journée à …. dormir. Et bien le chiot c'est pareil, il a besoin de beaucoup de repos.

Laisser au chiot des temps de repos lui permettra d'avoir une bonne croissance psychique et physique, une bonne récupération, du confort et un bien-être absolu.

Le chiot dort environ 20 heures par jour. Quoi ? 20 heures ? Et oui !

Son sommeil est composé de plusieurs cycles de 2 heures environ. Il y a la phase du sommeil profond et la phase du sommeil paradoxal dans lequel son activité cérébrale tourne à toute bitume*. Il revit ses activités du jour, ses souvenirs se fixent dans sa mémoire.

Rassurez-vous, lorsque votre chiot sera adulte, il dormira moins, environ 12-13 heures par jour. Ceci dépend toutefois de son activité. Plus il en aura fait dans la journée plus il aura besoin de dormir.

*vitesse

La seule ambition d'un chien,
c'est de vous donner tout son amour.
Mathilde et Sébastien Forestier

Les chiens ont une vie bien trop courte...
C'est bien là leur seul défaut !

Carlotta Monterey O'Neill

Si des enfants vivent dans le foyer, expliquez leur de laisser le chiot tranquille lorsqu'il dort. Le panier ou coussin de chien doit être considéré comme zone interdite à tous humains. Le chien doit s'y sentir comme dans un bunker, à l'abri de tout ce qui pourrait le déranger ou lui faire peur.

Vous éviterez du coup de placer le bunker (panier) de votre chien dans un lieu de passage, sous une fenêtre par laquelle il pourrait y avoir des courants d'air, devant une baie vitrée par laquelle il pourrait d'une part avoir trop chaud avec le soleil et d'autre part être dérangé par ce qu'il se passe de l'autre côté de la baie vitrée.

Trouver l'emplacement idéal pour le panier du chien demande parfois quelques petits aménagements de votre intérieur mais ce n'est pas la mer à boire de déplacer un fauteuil, une plante verte ou un petit meuble d'appoint. Offrez à votre chien un endroit bien cocooning

Les paniers en osiers sont parfois des cibles pour les chiots, c'est tellement drôle de mâchouiller l'osier. Il peut en faisant cela se coincer un bout d'osier dans le palais ou entre ses dents. Un coussin bien moelleux pourra aussi être la cible des dents de lait du chiot. Il vous faudra trouver celui qui sera le mieux adapté au caractère de votre chiot.

12

Mon chiot saute sur tout le monde...

Ce comportement a pour effet d'énerver passablement les propriétaires de chiots. Pourtant c'est un comportement normal de chiot et qui, en plus, est souvent accentué par le comportement du même propriétaire énervé !

Lorsque vous rentrez chez vous, le chiot court vers vous tout content et vous fait la fête. Et vous, tout content de retrouver votre petite boule de poils, vous lui faites plein de papouilles. Du coup, vous renforcez son comportement.

Lorsque vous rentrez, comme indiqué dans le chapitre 4, vous l'ignorez. Ensuite, pensez lorsque vous l'appelez à vous accroupir pour le saluer. Cette position sera d'une part plus positive pour le chiot et d'autre part l'incitera moins à vous sauter dessus.

Si malgré la position accroupie il vous saute dessus, poussez-le gentiment en lui disant « En bas ». Caressez-le uniquement lorsque ses quatre pattes sont posées au sol. Je préfère donner une consigne positive (fait ceci) plutôt qu'une consigne négative « Non » qui est moins pédagogique et constructive.

Une chose qui est vraiment importante. Vous ne pouvez pas demander à un chiot de ne pas sauter sur les personnes que vous croisez ou qui viennent vous rendre visite si celui-ci a le droit de le faire sur vous. C'est blanc, ou c'est noir, à vous de décider !

C'est un apprentissage difficile à mettre en place, vous ne serez pas aidés par les personnes qui croiseront votre chemin. Ils s'extasient sur votre chiot (ils risquent de moins le faire une fois adulte lorsque votre chiot deviendra un chien de 60 KG...). N'hésitez pas à communiquer avec votre entourage (voisins, amis, famille etc....) et donnez-leur la technique d'apprentissage.

Ça ne marche pas

Mon chiot continue de sauter sur tout ce qui bouge...

Lorsqu'il vous saute dessus, faites demi-tour sec, croisez les bras, ne lui accordez plus aucune attention. Il reviendra à la charge en revenant devant vous. C'est normal et pas grave, vous refaites demi-tour. Et n'oubliez pas, dès qu'il est calmé et les quatre pattes au sol, Ouiiiiiiii ça c'est bien bon chien et récompense, caresses etc....

13

Le Retour

Apprendre le retour est à mon sens le plus important dans l'éducation. Un bon retour peut vous épargner des situations bien embarrassantes. Affirmer avoir un 100 % de retour me paraît peu probable parce qu'un chien reste un chien et que parfois l'élément suscitant l'intérêt de celui-ci est beaucoup trop fort.

Vous commencerez l'apprentissage par des petites distances, 4 - 5 mètres au maximum pour pouvoir ensuite les augmenter.

Votre position est importante. Dans la mesure du possible accroupissez-vous, cette position est un appel au jeu pour le chien. Dite le nom du chien puis retour. Motivez-le ensuite par des allez allez ouiiiiiiiiiiii et/ou tapez dans vos mains.

Je privilégie l'ordre «Retour» pour plusieurs raisons. Tout d'abord, «Viens» est un mot parasite dans le sens que vous l'utilisez souvent dans une journée.

Kiwie tu viens manger, Kiwie viens par ici, Kiwie viens on y va etc….. . Vous l'utilisez également lorsque vous vous adressez à un membre de votre famille : Tom, viens regarder ça !!! Alors que Retour, ce n'est utilisé que pour le retour ! Ensuite il faut tenir compte de ce que le chien comprend dans notre vocabulaire. Il ne retient que la dernière syllabe des mots. Ici est trop proche d'Assis, parce qu'il retiendra SI ! Viens est trop proche phonétiquement de Tiens. etc…..

Donc je reprends : vous êtes en position accroupie, vous dites Kiwie Retour ouiiiiiiiiii allez allez allez. Dès qu'il est tout près de vous, je dirais presque corps à corps, vous le récompensez et en même temps vous prenez son collier en main tout en douceur par le côté et le caressez de la main qui tient le collier. Ne retenez jamais votre chien en l'attrapant par le dessus de la tête. Ce geste est menaçant pour le chien et il risquerait bien d'éviter à devoir subir cette «agression» par la suite.

N'oubliez pas, le chien apprend par association donc récompensez-le pour le retour. Si vous dites Kiwie retour allez allez ouiiiiiiiiiiiiiiiiiiiii assis et que vous donnez la friandise une fois assis, Kiwiee aura été récompensé pour le assis et pas pour le retour !

Vous devez toujours féliciter votre chien lorsqu'il revient vers vous, même si vous avez eu toutes les peines du monde à y parvenir. S'il est grondé parce qu'il a mis trop de temps, il prendra toujours plus de temps à vous rejoindre.

Repérez le bon moment pour le rappeler. Si le chien est en pleine séquence de jeu avec un congénère, attendez qu'il «décroche» pour l'appeler. Évitez également de l'appeler cinquante fois. En pleine action, il vous entend mais ne vous écoute pas ….. Le seul résultat que vous obtiendrez c'est que votre voix changera (irritation), qu'il le remarquera, donc repoussera le moment pour venir vers vous.

Ne restez pas statique s'il ne revient pas rapidement. Bougez, déplacez-vous. Cela suscitera de la curiosité pour le chien qui reviendra voir ce que vous faites.

Les félicitations seront bien entendu à la hauteur du niveau de réaction.

Au début de l'apprentissage, il sera récompensé à chaque retour, même si vous avez passé 10 minutes pour y arriver.

Au fur et à mesure de l'apprentissage, vous opterez pour une friandise méga puissante pour votre chien qu'il obtiendra chaque fois qu'il revient au premier rappel. Si vous devez vous y prendre à 2 – 3 reprises, il aura une friandise «banale». Il aura vite compris la différence entre « caviar & biscuit sec»

Lorsque le chien est vers vous, prenez toujours le temps avant de le rattacher, récompense, caresses, etc…

Ça ne marche pas...

Il revient mais change de direction s'il voit autre chose...

C'est qu'un stimulus plus fort que vous a attiré son attention. Dans ce cas, il suffit de vous déplacer de manière joyeuse et de répéter simplement Kiwie :

- «Allez, allez, retour ! Ouiiiiiiiiiiiii !!!

Si vous répétez la consigne en restant planté au même endroit, vous ne serez pas assez ludique pour le chien.

Il revient mais dès qu'il a la friandise il repart...

Avez-vous pensé à l'attirer tout contre vous pour lui donner la friandise ? Si au lieu de cela vous tendez votre bras, c'est sur que le chien aura la possibilité de s'enfuir aussitôt récompensé.

Il revient, s'arrête à quelques mètres et ne bouge plus...

Levez-vous, courez à l'opposé de lui, vous verrez il vous suivra joyeusement. Ne lui courez surtout pas après, il interprètera cela pour un jeu et vous aurez toutes les peines à gagner sur ce terrain-là.

Il fait la sourde oreille...

Quel ton employez-vous ? Donne-t-il vraiment envie de vous rejoindre ?

Si le chien à l'impression que vous êtes fâché, il préfèrera prolonger son exploration au lieu de revenir vers vous.

Quelle est votre posture ? Si vous êtes droit comme un i, qu'en plus vous tenez la laisse dans la main, bien visible pour le chien, pensez-vous que cela lui inspire quelque chose de marrant ? Votre chien fait vraiment de la résistance au retour ?

Ne vous inquiétez pas, travaillez avec une longe de 6 – 8 mètres. Laissez votre chien, longe au sol, flairer les odeurs, analyser les hautes herbes dans les champs puis lorsqu'il «décroche» pour trouver une autre odeur à analyser, placez un Kiwie retour allez allez. Dès qu'il effectue quelques pas dans votre direction, ouiiiiiiiiiiiiiiiiiiiiii. S'il s'arrête, tirez légèrement sur la longe, allez allez etc.... Dès qu'il est à vos côtés, récompense puis important, dites lui «libre» ou «va jouer». Il ne doit impérativement pas associer Retour à fin de liberté.

Ne répétez pas l'exercice une dizaine de fois consécutivement mais privilégiez l'exercice plusieurs fois sur la totalité de la promenade.

La mise au pied

Demander à son chien au pied c'est lui demander de venir à votre gauche et du moment que vous êtes statique, il s'assied.

Pour lui apprendre cette consigne, vous allez le guider avec votre main gauche dans laquelle il y a une friandise en effectuant un cercle à côté de vous, en partant sur l'extérieur.

Ce geste qui est très caricaturé au début de l'apprentissage sera au final une simple tape sur votre cuisse gauche pour que le chien comprenne qu'il doit se placer à vos côtés.

Avant d'effectuer ce mouvement, regarder la position de votre chien. S'il est déjà positionné dans la trajectoire du «cercle» vous ne devez pas faire le cercle en entier, vous allez uniquement le guider pour qu'il « poursuive » le trajet cercle et faire revenir votre bras le long de votre corps pour guider le chien à votre côté...

Ça ne marche pas...

Il ne comprend pas le mouvement...

Votre geste est trop rapide et du coup le chien n'a plus la friandise assez près de son museau pour suivre votre mouvement. La friandise ici fait office de leurre, si vous tirez votre canne à pêche trop vite lorsque le poisson titille l'hameçon, il s'échappe !

Il vient se placer devant moi...

Si vous oubliez de stopper votre bras le long de votre corps à la fin du mouvement c'est sûr que le chien continuera aussi son trajet.

Même en stoppant mon bras, il vient devant moi.

Pas de panique, peut-être qu'au début de l'apprentissage vous le récompensiez alors qu'il était presque devant vous. Il a associé le presque devant vous comme étant exact. Dans ce cas, dès qu'il est placé trop au-devant, reculez d'un pas, refaites le mouvement pour qu'il vienne au pied. Il vient mais... trop devant, reculez à nouveau d'un pas. Je vous assure qu'en vous déplaçant et en recommençant, il finira très vite par s'arrêter et se positionner comme il se doit. Et le résultat sera plus rapide que si vous restez figé sur place en lui disant : « Non, au pied comme il faut ! »

Il ne s'assied pas automatiquement...

Votre chien restera debout si vous laissez la friandise à la même hauteur que son museau ! dès qu'il est côté de vous, levez légèrement votre main (signal de assis)

- 15 -

La marche au pied

Quand le chien marche au pied, vous le tenez sur votre gauche. C'est comme ça ! Il y a un code de circulation routière, il y a aussi un code de déplacement canin.

Lorsque le chien sait marcher à vos côtés (je forme des chiens de famille donc pour ma part, il n'a pas besoin d'avoir son épaule collée à ma cuisse pour que je valide le «au pied», vous pouvez tenir la laisse à votre guise, dans la main droite ou gauche tout en faisant bien entendu attention à ce que celle-ci soit constamment souple et qu'il n'y ait pas le bout de la laisse qui pendouille devant le museau du chien ou sur son dos.

Par contre, lors de l'apprentissage, vous aurez plus de facilité à procéder ainsi :

La laisse est tenue dans votre main droite, détendue (elle doit sourire). Dans votre main gauche, vous aurez une friandise que vous tiendrez à la hauteur du museau de votre chien qui est lui aussi à gauche.

Votre bras gauche doit être placé le long de votre corps. Optez pour une marche détendue. Je vois très souvent lors de cet exercice les conducteurs tenir leur bras gauche correctement et leur bras droit….. en l'air raide comme un piquet pour que la laisse ne traîne pas au sol. Adaptez plutôt la longueur de votre laisse, vous vous éviterez ainsi des contractures !!!

Tout en marchant, vous parlerez à votre chien : «Au pied, ouiiiiiiii c'est ça, bon chien et au pied» etc….. Le ton de votre voix doit être enjoué, avec un débit élevé de paroles afin de motiver le chien.

Au fur et à mesure des pas que vous effectuez, vous délivrez une petite friandise. Le chien est au pied, il est récompensé, normal non ?

Travaillez sur des petites distances puis vous les augmenterez au fil des entraînements.

La technique est évidemment plus facile pour les chiens dits de taille moyenne et grande taille, les petites tailles demandant une souplesse extrême pour arriver à la hauteur de son museau. Vous pouvez pour les petites tailles changer la friandise par un jouet relié à une cordelette. Attention, avec le jouet, vous devez en guise de récompense jouer avec le chien après chaque bonne action si vous ne voulez pas le lasser (bin oui, pourquoi suivrait-il un jouet s'il ne peut pas en profiter ?)

Ça ne marche pas...

Je m'encouble sur mon chien qui se place toujours devant moi.

Avez-vous la friandise dans la main du même côté que votre chien ?

Votre bras est-il bien le long de votre corps ?

Pensez en premier lieu à être sûr que vous-même vous êtes dans la bonne position, un petit rien influence la position de votre chien.

Mon chien essaie d'attraper la croquette que j'ai dans la main...

Ça peut arriver en effet. Votre chiot saute pour

avoir la récompense et avance sur ses pattes arrières. C'est difficile avec un chiot qui fait partie des petits formats de le guider à l'aide d'une friandise. Dans ce cas, je suggère au propriétaire de ne pas travailler avec la récompense dans la main mais de l'avoir dans la poche, facile d'accès pour être efficace dans la rapidité de récompenser.

Mon chien préfère sentir les odeurs sur le sol...

Essayez de marcher un peu plus vite, si c'est trop lent le chien s'ennuie et comblera les «temps morts» par un autre comportement.

Dites-vous autre chose que « Au pied, au pied, au pied » ? Parce que si ce n'est pas le cas, la motivation liée à vos paroles manque pour le stimuler

Pour les plus exigeants :

Étape 1 :

Demandez au chien de se placer au pied et récompensez. Déplacez-vous de quelques pas sans le chien et répétez le mouvement de mise au pied, jusqu'à ce que cela devienne un automatisme pour lui.

Étape 2 :

Débutez par l'étape 1 puis lorsque le chien est au pied, levez la main (qui tient la friandise) contre votre épaule gauche de sorte que le chien regarde dans votre direction. Attendez quelques secondes et récompensez si le chien est resté fixé sur vous pendant ce laps de temps. S'il a décroché, déplacez-vous de quelques pas et recommencez.

Étape 3

Débuter par l'étape 1 puis la 2 puis mettez du mouvement, c'est à dire déplacez-vous avec votre chien de 3-4 pas. Récompensez si celui-ci s'est déplacé en étant au pied regard fixé sur vous.

Vous augmenterez ainsi la distance de vos déplacements en ayant votre chien attentif à vous.

Ça ne marche pas...

Dès que je mets ma main contre mon épaule il me saute dessus.

Ca peut arriver avec des chiens «impatients». Pas de panique. Lorsqu'il fait ça, dites-lui Héhé, déplacez-vous et recommencez. Vous verrez au bout de quelques fois, il comprendra ce que vous attendez de lui pour obtenir la récompense. Un tel chien demandera un peu plus de temps pour passer de l'étape 2 à la 3 mais peu importe, il suffira juste de faire preuve de patience.

Dès que j'avance d'un pas, le chien renifle le sol

Avez-vous bien fixé l'étape 2 ?

Recommencez cette étape pour qu'il comprenne bien que votre main sur votre épaule signifie regarde-moi. Parlez lui aussi quand il vous regarde pour capter son attention

La promenade sans tirer

Les promenades sont indispensables pour le chien, c'est là qu'il s'informe des actualités sur son passage. Il sent les odeurs, inspecte, écoute. C'est un besoin vital pour le développement du chien.

La promenade en laisse doit être un plaisir pour les deux. Si le chien tire, ce plaisir peut devenir galère. Pour lui apprendre à ne pas tirer, je vous propose deux techniques :

1. Il tire, vous stoppez net et faites un petit bruit (vocal ou tapotez sur votre cuisse) afin qu'il revienne auprès de vous. Dès qu'il est à nouveau bien positionné, vous le félicitez, récompensez puis repartez. Ah oui, il va certainement repartir vite et la laisse sera à nouveau tendue ! Et bien vous vous arrêtez à nouveau et ainsi de suite. Un bon leader reste toujours calme et cohérent. A force de le faire revenir auprès de vous, il comprendra rapidement que s'il veut continuer la promenade il a intérêt à se mettre à votre rythme.

2. Il tire, vous changez de direction à angle droit sans rien dire et surtout sans donner de coup sec sur la laisse. De ce mouvement le chien se retrouvera automatiquement derrière vous. Dès qu'il aura atteint votre niveau, ouiiiiiiiiiiiii bon chien et récompense.

Et hop, il vous dépasse et remet ça. Pas de soucis, vous faites un autre changement de direction.

C'est sûr, entreprendre cet apprentissage est contraignant parce que vous aurez l'impression de ne pas avancer. Je vous rappelle que lorsque vous promenez votre chien, vous devez être content d'y aller et avoir le temps d'y aller. Peu importe si lors de la balade vous n'avez effectué que 500 mètres au lieu de 1000. Si vous ne flanchez pas, vous aurez un résultat.

Ça ne marche pas...

Je n'arrive pas à le faire arrêter de tirer...

Avez-vous fait les exercices systématiquement ou de manière aléatoire ? Ce n'est qu'avec la répétition que le chien apprend à marcher sans tirer ! L'apprentissage peut être un peu plus

long pour certains individus, il n'y a pas de règle concernant la durée de cet apprentissage mais ce qui est certain c'est que la règle de la constance dans ce que vous faites avec lui est primordiale.

Il mord sa laisse...

Êtes-vous assez dynamique dans votre marche ? Le chien qui s'ennuie adopte un comportement compensatoire pour se passer le temps !

Si vous estimez que le tempo de la marche est adapté au caractère de votre chien, un Stop sec à chaque tentative doit faire stopper ces mordillements.

Vous pouvez également vous stopper net, lui demander fermement un «assis» et attendre que le calme revienne.

Il mord mes chevilles...

Arrêtez-vous net, ne regardez pas votre chien, ne lui dites rien. Dès qu'il arrête les mordillements, vous vous remettez en marche. Répétez à chaque fois le même procédé, il arrêtera.

17

Assis

La position «assis» est la première position que le chien effectue parfois même sans que vous ne la lui ayez apprise. Mais pour d'autres chiens, cette position sur commande n'est pas évidente et il faudra lui apprendre à associer le mot Assis à la position. Pour ce faire, vous tenez une friandise dans votre main et placez celle-ci à proximité du museau de votre chien. Puis déplacez votre main à la verticale direction le haut, sans rien lui dire, afin que le chien lève la tête puis avancez votre main dans la direction du chien. Cette «manœuvre» oblige le chien à s'asseoir, sans force ni brutalité.

Dès qu'il est assis, c'est là que vous lui dites «Assis» puis délivrez la friandise. Il va associer le mot à la position. Répétez cet exercice plusieurs fois jusqu'à ce que le réflexe soit instantané. Ensuite vous le récompenserez de manière aléatoire jusqu'à suppression des friandises.

Le fait d'associer votre mouvement à la récompense vous permet par la suite de simplement montrer un doigt pour que le chien comprenne que cela veut dire «Assis».

Vous aurez peut-être le réflexe d'appuyer sur son bassin pour le forcer à s'asseoir. Oubliez ce réflexe. Un chien qui apprend par la contrainte n'a pas de plaisir et l'apprentissage n'est pas durable.

Quand le mouvement est acquis, ne répétez jamais Assis plusieurs fois de suite si le chien ne «s'exécute» pas. Il y a peut-être, là où il devrait s'asseoir, une odeur qui lui est désagréable. Vous aurez plus de succès si, au bout de deux demandes il n'est toujours pas assis, en vous déplaçant de quelques pas et de lui redemander de se mettre assis ou de faire un tour sur vous-même avec le chien au pied. Essayez, vous serez surpris !

Soyez très attentif au moment où vous récompensez, si votre chien n'a pas ses fesses posées et qu'il est récompensé, il ne va pas les poser plus tard pour vous faire plaisir.

Et avec du bon sens, on ne va pas apprendre au chien à s'asseoir dans un endroit froid et boueux.

Ça ne marche pas...

Mon chien reste debout.

Tenez-vous correctement votre main, friandise à hauteur de son museau ? Si la main est trop éloignée ou trop basse le chien ne peut pas comprendre.

Faites vous le geste trop rapidement ? Il n'aura

alors pas le temps d'assimiler votre mouvement.

Mon chien se relève tout de suite...

Est-ce que vous délivriez la friandise lorsqu'il était bien en position «assis» ? S'il la recevait lorsqu'il se relevait, vous avez renforcé cette action, le chien aura compris «je me lève je suis récompensé». Vous n'aurez pas d'autre solution que de recommencer l'apprentissage.

Mon chien essaie d'attraper la récompense avec ses pattes...

Quand il veut prendre la récompense, retirez rapidement votre main et recommencez le mouvement. Faites-le le nombre de fois nécessaire, tant qu'il veut prendre la friandise ma main disparaît.

18

Assis - Reste

Demander à son chien de s'asseoir et de rester sur place requiert beaucoup de patience mais bien travaillé ce n'est pas difficile.

Placez-vous devant votre chien, sans vous pencher sur lui il n'est pas sourd… Et demandez-lui de s'asseoir. Puis dites-lui RESTE, en montrant la paume de votre main. Vous-même au début, vous restez également face à lui.

Petit à petit vous augmenterez la distance en reculant d'un pas puis de deux, et trois etc……

Si quand vous arrivez au 5ème pas le chien se lève c'est que vous n'avez pas assez consolidé la distance au 4ème pas.

Pour cet exercice imaginez-vous que vous êtes en train de construire une tour. Si au 10ème étage tout s'effondre, c'est qu'un étage n'était pas assez solide. Il vous suffira alors de diminuer la difficulté de quelques pas, de la consolider et d'augmenter à nouveau pas à pas.

Quand votre chien a acquis le « assis-reste », toujours face à vous, augmentez la difficulté de la manière suivante :

Imaginez que votre chien soit assis au milieu d'une horloge et vous, vous êtes l'aiguille posée à 6h30 donc distancé de 2-3 pas face à lui. De là vous vous déplacez à 6h25 puis à 6h35, vous revenez à 6h30 et allez récompenser votre chien. Puis vous passez de 6h20 à 6h40 etc… jusqu'au tour complet de l'horloge. Attention, si le chien se relève, c'est exactement le même principe que pour la construction de votre tour !

Pour réussir cet exercice, voici quelques règles à mettre en place :

• ne gardez pas la friandise dans votre main quand vous reculez, ça inciterait votre chien à vous suivre.

• ne dites pas son nom en reculant, il pourrait

croire que vous l'appelez

> • ne lui dites pas c'est bien tant que vous n'êtes pas à nouveau près de lui, il pourrait penser que l'exercice est terminé

> • ne le fixez pas dans les yeux, ceci pourrait être interprété comme un appel

et revenez toujours près de lui pour le récompenser et consolider la position reste

Ça ne marche pas...

Il ne reste pas assis.

Avez-vous bien consolidé chaque étape ? Si oui, vous pouvez aider votre chien en répétant sans cesse «reste» «reste» «reste». Surtout ne dites pas son nom entre deux, ni regarde-moi ou autres mots parasites qui l'inciteraient à se relever.

Avez-vous, jusqu'à une bonne consolidation, travaillé cet exercice en revenant chaque fois vers lui pour le récompenser ? Souvent les référents sont tellement contents de pouvoir le laisser sur une distance de 5 pas qu'ils associent directement un retour avec le assis-reste et le chien reçoit la récompense quand il est vers son référent. Qu'aura compris le chien ? En tout cas pas qu'il est récompensé pour le reste ... puisqu'il a reçu la friandise quand il est revenu !

N'oubliez jamais que le chien apprend tout par association.

19

Terre (couché)

Vous serez très fièr lorsque vous irez dans un restaurant avec votre chien et qu'il reste en position terre pendant le repas.

Pour lui apprendre cette position, débutez l'exercice exactement comme pour l'apprentissage du «Assis» et dès qu'il est assis, vous descendrez votre main verticalement entre ses deux pattes avant, de sorte que cela l'oblige à baisser l'avant de son corps. Une fois son museau à nouveau sur la friandise, vous déplacez lentement votre main dans la prolongation du corps de votre chien. En schématisant le mouvement, votre main va «tracer» un L.

Ça ne marche pas...

Il se relève dès que je déplace ma main.

Cela arrive fréquemment si votre mouvement est trop brusque. Soyez zen et recommencez

Certaines races de chiens sont très sensibles au froid, à l'humidité etc… Avez-vous exercé cette position en intérieur ?

D'autres races (les bouledogues français par exemple, peut-être lié à leur morphologie) ont plus de difficultés à apprendre cette position. Soyez patient !

Ne faites jamais plus de 5 essais par séquence de travail. Ce n'est pas grave si le chien met plus de temps pour comprendre. Vous aurez plus de succès si au bout de 5 «échecs» vous stoppez l'exercice. Demandez simplement un «assis» afin que la séquence de travail se termine sur une note positive. Vous reprendrez l'exercice quelques heures plus tard.

Votre chien fait de la résistance ?

Pas de panique. Vous pouvez essayer une autre méthode :

Mettez-vous assis sur le sol. Pliez vos jambes en relevant vos genoux de sorte que cela fasse un tunnel pour votre chien.
Puis faites passer le chien plusieurs fois en l'attirant avec une friandise ou un jouet.

Ensuite vous descendrez les jambes mais tout tout doucement, centimètre par centimètre (c'est bon pour votre musculation aussi). Continuez de faire passer le chien qui au fil de l'abaissement de vos jambes devra également se baisser plus.

Attention à aucun moment vous ne devez appuyer vos jambes sur le chien.

Il arrivera bien un niveau où votre chien, pour attraper le jouet ou la friandise, devra se mettre en position Terre. Bingo, c'est là que vous placerez le mot et récompenserez.

20

Terre - Reste (Couché - Reste)

Vous devez attendre dans un lieu public. Quoi de plus agréable que d'avoir un chien sage comme une image au lieu de le voir tourner dans tous les sens.

C'est un exercice pour lequel vous devez faire preuve de patience. Pas facile pour le chien de rester immobile alors qu'il y aurait plein de choses intéressantes à voir.

Vous procéderez de la même manière que pour la position assis-reste, palier par palier.

Mettez-le en position terre en étant accroupi à ses côtés, la friandise entre ses pattes et dites-lui, terre-reste. Attendez quelques secondes puis délivrez la friandise. Puis vous augmenterez la difficulté en restant debout à ses côtés. Ensuite quand vous sentirez qu'il est prêt, vous pourrez vous éloigner de lui, petit à petit (sans friandise dans la main pour éviter qu'il ne la suive…). Revenez toujours à ses côtés pour le récompenser.

Ça ne marche pas…

Il se relève dès que je fais un pas.

Un palier n'est certainement pas assez solide. Fixez-le en déposant quelques toutes petites friandises entre ses pattes et déplacez-vous d'un ou deux pas seulement, et revenez vers lui. Puis félicitez-le.

N'hésitez pas à faire un tout petit pas, style balancier du corps, et félicitez-le.

Êtes-vous sûr que vous n'avez pas de récompense dans la main ? Ça arrive qu'on ne s'en rende même plus compte !

21

Debout

Cette position vous rendra service dans diverses situations : lui essuyer ses pattes arrières, examens divers chez le vétérinaire, lui démêler les poils, etc

Lorsque vous marchez avec votre chien, il est automatiquement debout, logique ! Profitez-en. Vous vous arrêtez et placerez tout de suite votre main munie d'une friandise au bout de son museau en continuité de celui-ci. La position ainsi «figée» vous direz «debout» et délivrez la friandise.

Ça ne marche pas...

Il s'assied :
Votre main est trop haute. Pour autant que le chien soit attentif à vous, sa tête, lorsqu'il marche, est droite. Votre main doit être exactement à la même hauteur que sa truffe.

Il se couche :
Votre main est trop basse, et il pensera que vous le guidez comme pour l'apprentissage du terre (couché). Là aussi pensez à ajuster votre main exactement à la même hauteur que sa truffe.

Il continue d'avancer :

C'est souvent ce qui se passe si vous ne «figez» pas votre bras. Bien sûr le chien aura tendance à pousser la main pour obtenir la friandise mais votre bras doit bloquer celle-ci.

Il n'arrive pas à se fixer et bouge sans cesse :

Vous pouvez essayer le long d'un mur ou d'une barrière. Bien entendu vous éviterez de l'écraser contre ce support, ça doit rester agréable pour le chien. Vous le placez sur votre côté et vous vous arrêtez avec la récompense à hauteur de sa truffe. Au moment où il est bien placé et fixé, placez le Debout ouiiiiiiii c'est bien, et récompensez.

22

Et après...

Votre chien a acquis maintenant les éléments principaux de l'éducation.

Il n'en reste pas moins qu'une multitude de choses peuvent encore lui être apprises et il ne demande pas mieux que de poursuivre sa progression. C'est à vous de varier les exercices, d'augmenter les difficultés, de développer sa curiosité et son intérêt.

C'est important toutefois que vous preniez conscience que, si malgré les rubriques «ça ne marche pas» vous n'arrivez pas à obtenir le résultat escompté, le problème peut être lié soit à une pathologie physique soit à une pathologie comportementale. Un chien qui a de la peine à se mettre en position Terre aura peut-être un problème aux hanches. Un chien qui n'arrive pas à acquérir le «reste» aura peut-être un problème d'attachement. Vous comprendrez que je ne peux pas citer dans cette rubrique toutes les possibilités qui peuvent être exploitées pour y arriver.

Et c'est pour cette raison que je ne peux que vous recommander de suivre des cours avec un éducateur. Celui-ci est à même de déceler d'où vient la difficulté et de vous conseiller.

Pour clore, je tiens encore à remercier ma douce Kiwie qui m'a plongée dans un monde fascinant ainsi qu'Altaï sans qui je n'aurais pas connu son référent qui m'avait suggéré, lors d'un cours, de rédiger un manuel d'éducation « comme si on était sur le terrain ».

Je remercie également

Jean-Claude Arnaud de l'ACCEFE qui m'a formée et poussée à ouvrir mon école,

Gaëlle Monnat, collègue et amie qui a corrigé ce fascicule,

Olivier Lhote, auteur de livres pour la jeunesse et coach en éducation et en comportement canin, qui m'a guidée dans la création de ce livre et en a réalisé la mise en page,

les centaines de chiens que j'ai déjà eus entre mes mains,

et tous les participants aux cours qui me permettent à chaque instant de mettre en pratique le coaching canin.

©Jocelyne Gyger

Références

ACCEFE (Animal de Compagnie Comportement Education Formation Equipements) à Thonon-les-Bains, France.

UCS (Union Canine Suisse)

Littératures recommandées :

Les chiens nous parlent, Jan Fennell, éditions de l'Homme.

Les signaux d'apaisements, Turid Rugaas, éditions du Génie Canin.

Votre chien et vous : heureux ensembles, Eric Bonnefoi, éditions InterEditions.

Mes notes personnelles

Mes notes personnelles

Mes notes personnelles

Sommaire

1. Préambule   7
2. Chien «mode d'emploi»   9
3. Le chiot – des débuts pas toujours évidents   19
4. Comment apprendre au chiot à rester seul   21
5. Comment faire pour qu'il dorme la nuit   22
6. La propreté   24
7. Comment nourrir mon chiot   27
8. Mon chiot me mord et ça fait mal   29
9. Mon chiot refuse d'avancer   31
10. La balade et les jeux du chiot   34
11. Le repos, important   38
12. Mon chiot saute sur tout le monde   42
13. Le Retour   44
14. La mise au pied   49
15. La marche au pied   51
16. La promenade sans tirer   57
17. Assis   60
18. Assis - Reste   63
19. Terre (couché)   66
20. Terre - Reste (couché – reste)   69
21. Debout   71
22. Et après….   73
23. Références   75